ÉTUDE STRATÉGIQUE

SUR LE TONKIN

ÉTUDE STRATÉGIQUE

SUR

LE TONKIN

FAISANT RESSORTIR

LES DANGERS D'UNE PAIX MAL ASSISE

Et l'urgence
de réformer notre organisation et notre éducation militaires

« REMEMBER »

PARIS

KÉVA ET Cᵉ, ÉDITEURS

7, RUE BERTHOLLET

1885

AVANT-PROPOS

Le gouvernement commettrait, en ce moment, une grande faute de politique intérieure s'il ne signait pas une paix quelconque avec la Chine, parce que l'opinion publique mal éclairée ne le lui pardonnerait pas. C'est donc à l'opinion publique mieux renseignée qu'il appartient de dire au gouvernement qu'elle ne veut pas d'une paix qui fera du Tonkin pour nos soldats une souricière susceptible de devenir une prison au moindre incident maritime.

C'est pour tâcher de donner le branle dans ce sens que ces lignes sont écrites, et non pour récriminer.

Contre qui récriminer, du reste ?

En dehors des adversaires systématiques de toute guerre, — dont l'heure n'est malheureusement pas encore venue, — quel est le parti qui peut se dire : « fontaine, je ne boirai pas de ton eau », dans ce pays essentiellement chevaleresque mais si léger, si insouciant, qu'il ne voit dans la guerre qu'un brillant tournoi tant que ses soldats sont victorieux et que, dans la défaite, loin d'en rechercher les causes pour s'en préserver à l'avenir, il met sa vanité à se les cacher avec le plus grand soin !

L'auteur n'aspire donc ici qu'à faire œuvre de conciliation sur le terrain du patriotisme compromis par des errements militaires qui mèneront fatalement le pays à la perte de son indépendance si l'on ne prend pas les mesures énergiques nécessaires pour s'en dépêtrer.

Ceci posé, la lettre et les notes suivantes ont pour but de démontrer :

1° Que nous allons conclure avec la Chine une paix de dupes ;

2° Que, tout en ayant les généraux les plus braves et les plus intelligents comme les meilleurs soldats du monde, nous risquerons de les voir rester en échec devant des troupes bien inférieures, mais mieux dirigées, tant que nous n'aurons pas changé de méthode stratégique.

Paris, le 2 avril 1885.

A MONSIEUR LE PRÉSIDENT DE LA RÉPUBLIQUE

Monsieur le Président,

Estimant que, dans les circonstances douloureuses que traverse le pays, il est du devoir de tout citoyen qui croit pouvoir se rendre utile de lui offrir son concours, je me permets de vous renouveler la demande que j'ai adressée le 31 mars à la 30ᵉ commission des pétitions de la Chambre des Députés dans les conditions suivantes : cette commission venait de renvoyer à M. le président du conseil des Ministres, qui n'a pas eu le temps de statuer, une pétition qui n'avait pu aboutir malgré quatre décisions favorables de commissions précédentes, dont les conclusions tendaient vers un but conforme à celui que je poursuis en ce moment.

En l'absence de ministère [et, vu l'urgence, je prends donc la liberté de vous prier de vouloir bien statuer sur ma demande.

Cette demande consiste à obtenir au Tonkin une mission analogue à celles qui m'avaient été confiées en 1870-71 dans des cas identiques. En effet, une première fois j'avais été appelé par le chef de la Défense Nationale, au moment du désastre d'Orléans, pour l'aider à réparer ce désastre ; et j'avais été assez heureux, comme le prouvent les notes ci-jointes, pour faire adopter le plan qui a préservé la 2ᵉ armée de la Loire d'une destruction complète ou d'une capitulation qui eût nécessairement entraîné pour la République les mêmes conséquences que celle de Sédan pour l'Empire. La seconde mission analogue dont j'avais été chargé, et que la capitulation de Paris ne m'a pas permis de mener à si bonne fin, était celle de contribuer à réparer le désastre du Mans. J'avais reçu à cet effet, comme le prouve l'Enquête sur la Défense Nationale, les pleins pouvoirs les plus étendus pour représenter le gouvernement à l'armée et dans la région de l'Ouest.

Ces antécédents, appuyés sur les paroles suivantes dont m'a honoré le chef de la Défense Nationale : « nous avons été d'accord sur quelques « points et sur les autres, vous nous avez mis en garde contre des fautes qui... ont été commises », ces antécédents, dis-je, me permettent de m'attribuer les capacités militaires nécessaires; d'une part, pour contrôler les opérations faites jusqu'à présent au Tonkin et, d'autre part, pour donner mon avis sur ce qu'il conviendrait de faire à l'avenir, dans le cas où le gouvernement ne jugerait pas à propos de renoncer à cette conquête [1].

Toutefois, monsieur le Président, malgré ces

[1] Voir la note explicative ajoutée à cette lettre.

précédents, ma demande n'aurait sans doute pas à vos yeux une base suffisante si je ne vous donnais pas une indication générale de la manière dont la question du Tonkin doit être envisagée au point de vue de la science militaire telle que je l'applique. Je dis telle que je l'applique, parce que je dois avouer qu'elle est en contradiction avec celle qui a généralement cours, du moins avec celle qui a été pratiquée au commencement et à la fin de la guerre de 1870-71 et qui vient d'être encore pratiquée au Tonkin.

Eh bien ! d'une part, j'estime que, dans le cas de conquête pleine et entière du Tonkin, le voisinage immédiat de la puissance chinoise nous forcerait à maintenir en permanence dans cette région une forte armée ; d'autre part, si nous nous contentions d'occuper le Delta, nous ne pourrions, vu le peu de longueur de la ligne d'opérations qui mène à la mer, nous y maintenir qu'à l'aide de forces relativement considérables et de la flotte nécessaire pour les recueillir au besoin.

Nous serions donc toujours là en l'air et menacés d'être pris entre deux feux, à moins de la garantie réciproque d'une zone neutre.

Le mot impossible n'étant pas français, je ne me permettrai pas, monsieur le Président, de condamner tout autre solution que cette dernière ; mais je crois qu'on pourrait obtenir celle-là sans de trop grands sacrifices et sans courir les aventures.

J'ai l'honneur d'être, avec le plus profond respect, monsieur le Président de la République, votre très humble et très obéissant serviteur.

P. Le Luyer.

27, rue d'Ulm.

NOTE EXPLICATIVE

Il suffit de jeter les yeux sur la carte pour voir que les Chinois, en envahissant le Tonkin par leurs frontières de l'Est et du Nord, concentrent leurs forces en avançant tandis que nous sommes obligés de diviser les nôtres pour les repousser. Or, c'est là le point capital de la science stratégique : concentrer ses propres forces en plaçant l'adversaire dans la nécessité de diviser les siennes ou de ne les concentrer que dans un espace où l'on puisse l'acculer à un obstacle infranchissable, comme la mer, une frontière neutre etc. etc... Eh bien ! Par le seul fait de la situation géographique du Tonkin et sans que l'ennemi eût à trouver de savantes combinaisons stratégiques, nous nous y trouverions dans la plus mauvaise des conditions : obligés de nous diviser si nous occupions militairement toute la contrée et menacés d'être acculés à la mer si nous nous concentrions dans le Delta.

Si l'on tient compte, en outre, du temps qu'il nous faut pour envoyer des renforts et des éventualités qui pourraient appeler notre flotte d'un autre côté ou lui barrer la route, on verra que, stratégiquement, l'établissement d'une zone neutre est tout à notre avantage. — J'ajouterai que cette zone nous est indispensable, si nous ne voulons pas nous faire les prisonniers éventuels de la Chine et de l'Europe au Tonkin ; car, sans la neutralisation des provinces de Kouang-si et de Canton, la garde de Lang-son et des autres points avancés sera toujours pleine de périls et tout le

Tonkin sera entre les frontières de la Chine comme l'agneau dans la gueule du loup, comme serait la France dans les serres de l'Allemagne si la Belgique appartenait à celle-ci.]

Sans doute la Chine n'a pas la puissance militaire de cet empire ; mais qui nous dit qu'elle ne deviendra pas redoutable d'un jour à l'autre et même qu'elle ne se réserve pas pour ce moment, tandis qu'il est bien certain que nous ne pourrons jamais réunir au Tonkin que des moyens de défense relativement restreints !

L En conséquence, à défaut de la neutralisation des provinces de Kouang-si et de Canton, nous serons tôt ou tard dans la nécessité de conquérir ces provinces ; car quelqu'avantage que nous offre la colonisation du Tonkin, nous ne pourrons en jouir qu'à la condition d'y être en sécurité. — Or, pour maintenir cette sécurité en même temps que celle de nos frontières, nous serions obligés, à la moindre complication du côté de la Chine ou de l'Europe, de sillonner toutes les mers de nos vaisseaux et de nos soldats.]

Voilà l'Algérie et la Tunisie qui sont à nos portes et pourtant il est douteux qu'on eût jamais songé à les coloniser si, au lieu d'être bornées au sud par le désert, elles l'avaient été par des centaines de millions d'ennemis intéressés à nous en expulser.

Est-il besoin d'insister pour faire reconnaître que[toute paix avec la Chine qui n'aura pas pour base la neutralisation ou la conquête des provinces de Kouang-si et de Canton ne saurait être qu'une trève dangereuse, une paix de dupes ?]

Non ! car il est évident qu'occuper militairement tout le Tonkin sans que l'une ou l'autre de ces conditions fût remplie serait aussi imprudent que de laisser bénévolement l'Allemagne s'emparer de la Belgique, — ce qui, entre parenthèse, pourrait bien la tenter si, pendant que nous faisons, qu'on veuille bien me passer cette expression triviale, de la bouillie pour les chats au Tonkin, l'Angleterre et la Russie en venaient aux mains [1].

C Il est donc permis de regretter, — malgré et peut-être à cause de la paix dont il est question, qu'au lieu d'aller venger le commandant Rivière à Lang-son, au fond de la souricière, on n'ait pas songé à une vengeance plus conforme à la situation de cet officier et surtout aux principes stratégiques, à savoir : à l'occupation des ports du Tonkin, de Canton, de Fou-tchéou et des îles

[1] Moment psychologique, s'il en fût ! car la Russie et l'Angleterre ont un intérêt direct, comme la France, à empêcher l'Allemagne de s'étendre sur la mer du Nord.

L'Allemagne au contraire, ce colosse aux pieds d'argile, n'a que deux moyens d'assurer sa sécurité ; soit rester armée jusqu'aux dents et avoir à sa tête un Bismarck, son seul vrai stratégiste peut-être ; soit conquérir ou neutraliser les contrées qui la séparent de la mer du Nord et de l'Adriatique, sans parler de la Pologne.

C'est ce qui fait qu'en ce moment, le patriotisme s'alarme avec raison de voir éparpiller nos soldats et nos vaisseaux aux quatre coins du globe et, particulièrement, de pressentir qu'une paix armée au Tonkin nous en engloutira plus qu'une guerre bien conduite.

Formose et Haï-nan, occupation complétée par les opérations maritimes que ce plan comporte. — Cela nous eût épargné de grands sacrifices d'hommes et d'argent et nous eût permis de dicter les conditions d'une paix solide. ⌐

La morale à tirer de ces observations, c'est que nous aurons tout à craindre en Europe comme en extrême Orient tant que nous ne nous donnerons pas la peine de comprendre que les conséquences d'une faute stratégique sont incalculables et qu'en pareil cas, les plus brillants succès de nos soldats peuvent se transformer au moindre revers en victoires à la Pyrrhus.

Et maintenant, pour compléter le programme tracé en tête de cet opuscule, il est nécessaire de passer de la question du Tonkin, qui pourrait être considérée comme un accident, à celle de principe.

Eh bien ! La faute que nous avons commise au Tonkin, nous l'avions déjà commise en 1870-

71, en Crimée et partout depuis 1815, époque à laquelle nous avons, non seulement dé-
serté, mais encore proscrit les principes stratégiques pour adopter le système du *tout garder*
qu'on a appelé longtemps le système autri-
chien.

C'est ce que j'exprimais ainsi dans ma 3e pétition à la date du 19 mai 1884 : « la conséquence
« de cet étranglement de l'intelligence par le sys-
« tème de hiérarchie outrée qu'on a appelé le
« *Caporalisme*, c'est qu'en fait de stratégie et d'or-
« ganisation militaires, l'école scientifique de la
« révolution et du premier empire a été proscrite
« par celle du *va où je te pousse* qui nous a me-
« nés des bords du Rhin à Sédan et ailleurs en
« attendant le coup de grâce que la coalition est
« prête à nous asséner au premier faux pas [1]. »

[1] De ces deux méthodes, l'une enseigne à déterminer les
points stratégiques importants et à y concentrer les moyens
d'attaque ou de défense nécessaires ; tandis que l'autre
occupe indistinctement le plus de points possibles ; y

Mais, pour être à peu près seul depuis 25 ans à déplorer que nous soyons entrés dans cette mauvaise voie, est-ce à dire que d'autres n'en aient pas été douloureusement frappés et n'aient pas cherché à réagir.

Voici, entre autres, ce que le général Morand écrivait à ce sujet, en 1826, dans *l'armée selon la Charte* :

« Les manœuvres actuelles ne peuvent, sans « un grand danger, être faites devant l'ennemi. — « En les employant, il arrivera ce qui est arrivé « cent fois, le massacre des bataillons — ces ma- « nœuvres sont funestes aussi, parce que leur « étude distrait de l'étude véritablement guerrière ; « elles sont tellement confuses qu'un officier qui « parvient à les faire exécuter avec quelque pré-

éparpille ses forces ; et, par exemple ne fait aucune diffé- rence entre l'occupation du Tonkin qui est en quelque sorte enclavé dans la Chine et celle de la Cochinchine qui en est séparée par des contrées qu'on peut considérer comme neu- tres.

« cision passe pour un homme habile. — Il y a
« des généraux qui n'ont eu d'autre mérite, et qui
« ont fait battre les troupes qu'ils savaient faire
« manœuvrer dans un champ de Mars, mais qu'ils
« étaient incapables de conduire contre l'ennemi,
« parce que leur tête n'était pleine que de formu-
« les et que, contenus dans leur vain savoir, ils
« n'avaient jamais songé à acquérir la véritable
« science de la guerre. »

En soumettant tous les officiers au régime dé-
crit par le général Morand sous peine de briser
ou, tout au moins, d'entraver leur carrière, on a
obtenu un résultat analogue à celui que pro-
duirait l'école de médecine si elle proscrivait toute
autre doctrine que celle de Sangrado.

L'affaire du Tonkin n'est donc pas le résultat
d'un accident, mais d'une tradition : le grand
écart de Tuyan-Kuang à Lang-son, dont le colonel Herbinger a heureusement atténué les conséquences, n'est que la reproduction de ceux qui

ont caractérisé la campagne de 1870-1871 depuis le commencement jusqu'à la fin.

Tradition, vous dis-je ! et n'oublions pas que rien n'est plus difficile à déraciner qu'une tradition. Le général Morand nous en donne encore la raison :

« Une semblable réforme, dit-il, trouvera une
« grande contradiction, je le sais ; il y a tant d'of-
« ficiers qui n'ont d'autre mérite que celui de l'or-
« donnance, qui ont pour elle une véritable ado-
« ration, et se verraient avec chagrin contraints
« de négliger la science qu'ils admirent parce
« qu'ils l'ont acquise avec peine, pour apprendre
« ce qui est réellement et seulement utile à la
« guerre. — Ces bonnes gens s'imaginent de bonne
« foi que la limite de leur savoir est celle des
« connaissances et de l'intelligence humaines ;
« qu'on est très habile et très capable de bien faire
« la guerre, quand on sait placer des guides et
« commander un déploiement. »

D'après cela, il n'y a pas à espérer qu'une tradition se détruise d'elle-même ; car, plus elle est mauvaise, plus elle met d'acharnement à imposer son infaillibilité. — Dans l'espèce, il n'y a donc qu'une mesure législative d'une grande énergie qui puisse en venir à bout.

Hors de là, il ne faut espérer ni progrès pour l'armée ni sécurité pour le pays.

Il n'est peut-être pas inutile de citer des exemples de ce que peut faire faire en France la jalousie de métier qui est un des principaux facteurs de la perpétuité des mauvaises traditions ; mais auparavant voyons ce qu'en pense un de ces grands esprits qui semblent avoir toutes les intuitions.

Voici ce que dit Balzac par la bouche de celui de ses personnages dont il fait le railleur par excellence :

« Dans le ministère où j'ai fait sept ans de

« galères, accouplé à des bourgeois, il y avait un
« employé, homme de talent, qui avait résolu de
« changer tout le système des finances. Ah ! bien,
« nous l'avons joliment dégommé. La France eût
« été trop heureuse. Elle se serait amusée à recon-
« quérir l'Europe, et nous avons agi pour le
« repos des nations — j'ai tué ce gâte-métier avec
« une caricature ».

Et plus loin : « Souffrir qu'un simple chef de
« bureau fasse acte d'homme d'Etat pour sauver
« les finances du pays, que deviendrait la tradi-
« tion ! »

Et encore : « ce qui engendre les haines les plus
« féroces et les plus tenaces, c'est la jalousie de
« métier. »

Et maintenant, qu'on me permette de citer à
l'appui de ces critiques des exemples qui me sont
personnels. Une première fois, pour me remercier
d'avoir poussé le cri d'alarme en prévision des
désastres de 1870, on m'a fait passer sous les

fourches caudines de cette machiavétique alternative : ou de briser ma carrière, ou de faillir à un devoir qu'il n'est pas permis à un galant homme de déserter ; une seconde fois, pour m'être permis de contribuer à sauver l'honneur des armes de la République dans une mesure incompatible avec ma situation hiérarchique, comme on le verra par les notes encartées dans cet opuscule, on m'a si bien mis à l'index depuis quatorze ans que, malgré les engagements les plus formels contractés à mon égard et malgré quatre rapports favorables de la Chambre des Députés, j'en suis encore, dans ce pays réputé pour son esprit et sa loyauté, à me justifier de lui avoir rendu un trop grand service.

Ici le dédain ou la crainte de la vérité historique prend des proportions épiques et mérite une mention détaillée.

On lit à la page 271 du livre de M. de Freycinet, *la défense en province*.

« Un troisième plan, intermédiaire entre celui
« du général Bourbaki et celui qu'on a suivi,
« aurait probablement mieux réussi. Il aurait con-
« sisté, de Dijon à marcher sur Langres, qui serait
« devenu la base d'opérations, et de Langres à se
« diriger soit sur Frouard, soit sur Blesmes, pour
« couper le chemin de fer de l'Est. On aurait ainsi
« évité toutes les difficultés d'une marche dans les
« Vosges, en même temps qu'on aurait parcouru
« une ligne beaucoup plus courte pour se rabattre
« sur Paris.

« Chose singulière ! Personne à l'époque n'a
« proposé ce plan, du moins à ma connaissance. »

Or, j'ai prouvé péremptoirement que, depuis
le commencement jusqu'à la fin de la lutte, je
n'ai pas cessé de préconiser hautement ce troisième
plan et qu'il a été adopté pendant quelques jours
par le chef de la Défense nationale. Je l'ai prouvé
en attestant :

1° Mon plan général de conduite présenté, le

25 septembre 1870, par M. Steenackers au gouvernement de la Défense Nationale, puis le 6 novembre au Comité de la guerre, et publié, entre temps, par le journal le Siècle dans son Numéro du 2 octobre ;

2° Mon plan stratégique adopté par le Chef de la Défense Nationale le 10 décembre et exécuté dans sa partie relative à l'armée Chanzy, (plan publié dans l'Enquête, Tome III, page 477.) ;

3° La dépêche suivante datée de Bourges 15 décembre.

Gambetta à Freycinet,

« Vous jugez inexactement la situation de la
« 1ʳᵉ armée de la Loire ; à l'heure qu'il est, il faut
« activer le travail de réorganisation et se préparer
« à l'offensive dans l'Est, ce qui dégagerait tout le
« monde, aussi bien Chanzy que Paris. Tel est du
« moins mon sentiment. »

Que M. de Freycinet ait ignoré à cette époque l'existence de mon plan du 9 décembre adopté le 10, cela s'explique :

1° Par ce fait qu'au moment de son adoption, il était en déménagement de Tours pour Bordeaux.

2° Par cet autre fait que Gambetta le lui a laissé ignorer, comme il ressort de sa dépêche du 15 décembre et de ces paroles du rapport de M. Perrot (tome III, page 6 de l'Enquête) : « dans cette cir- « constance, M. Gambetta paraît avoir pris sa ré- « solution sans s'être préalablement entendu avec « M. de Freycinet, et il ne l'en avisa même « qu'après avoir donné ses ordres. »

Je n'avais donc qu'à passer condamnation sur cette omission, sauf à en appeler, si cela devenait nécessaire, de l'historien quasi-officiel insuffisam- ment renseigné à l'homme d'honneur qui ne reniera certainement pas une preuve authentique.

Mais que penser de ses conseillers officiels ou officieux de cette époque qui ont eu, depuis lors,

toutes ces preuves en mains et qui les ont re-
poussées avec dédain !

Comment expliquer que là, où M. de Freycinet, le principal intéressé, reconnaît la faute
commise, ces conseillers malencontreux nient
mordicus !

C'est que M. de Freycinet, qui n'est pas
homme du métier, peut avouer qu'il y avait mieux
à faire ; tandis que ceux de ses conseillers, qui en
sont, ne le peuvent pas : attendu qu'au point de
vue de l'honneur du commandement militaire on ne
peut adopter, ou même accepter d'exécuter qu'à
la dernière extrémité, un plan stratégique qui
expose une armée à n'avoir d'autre ressource que
de se réfugier en pays neutre, ce qui ne diffère
pas sensiblement d'une capitulation en rase campagne.

« Et voilà pourquoi votre fille est muette ».

Autrement dit ! voilà pourquoi l'on a fait mieux
que de « me tuer par une caricature », comme le

personnage de Balzac ; on a étouffé clandestinement mon honneur militaire entre deux portes, en imaginant de me réléguer pendant toute la Défense Nationale au fin fond des Côtes-du-Nord, sous prétexte que le préfet de ce département m'avait signé un brevet de colonel le 4 novembre 1870.

C'est absolument comme si l'on avait relégué M. de Freycinet à Montauban sous prétexte qu'il y avait été nommé préfet à la suite du 4 septembre [1].

Bref ! il ne suffisait pas de me ruiner à fond et bien au delà, il fallait me déshonorer.

[1] Quoique dépourvu de notoriété pour cause de convenances hiérarchiques que j'ai respectées tant que le point d'honneur militaire n'a pas été en question, je puis établir cette comparaison, parce qu'il ressort des documents incontestés ci-inclus que j'ai été *l'alter-ego* du chef de la Défense Nationale pour l'armée et la région de l'Ouest, comme M. de Freycinet l'était du ministre de la guerre pour l'Est, et qu'au lendemain de la déroute d'Orléans j'ai pris pendant quelques jours à la haute direction des opérations militaires la même part qu'il y avait prise avant et pendant cette bataille.

Halte là ! Ces choses-là ne se tranchent pas à huit clos, dans un coin de coulisse obscure, elles se jugent, comme je le demande depuis quatre ans, au grand jour d'un conseil de guerre ou d'un tribunal national.

Tant qu'on n'en viendra pas là, tant qu'on ne scrutera pas publiquement les décisions et les actes de la haute direction et du commandement des armées, la France restera exposée à subir le sort de la vieille Gaule, qui avait comme nous des chefs et des soldats de la plus grande bravoure, mais à qui manquait alors, comme à nous-mêmes aujourd'hui, une direction savante et imbue de l'esprit de suite.

20 avril 1885.

Imprimerie de DESTENAY à Saint-Amand (Cher.)

9 782011 793720